단계별로 실력을 키워가는

NEW

うきうき
우 키 우 키

일본어 上

강경자 지음 · 온즈카 치요 감수

Workbook

넥서스 JAPANESE

私は会社員です。

저는 회사원입니다.

 Step 1 필수 단어 익히기

学生 がくせい	학생	はじめまして	처음 뵙겠습니다
先生 せんせい	선생님	どうぞ	부디, 아무쪼록
会社員 かいしゃいん	회사원	よろしく	잘
私 わたし	나, 저	お願いします ねが	부탁드립니다
彼 かれ	그	あなた	당신
彼女 かのじょ	그녀	ピアニスト	피아니스트
日本人 にほんじん	일본인	アメリカ	미국
中国人 ちゅうごくじん	중국인	イギリス	영국
韓国人 かんこくじん	한국인	フランス	프랑스
歌手 かしゅ	가수	ドイツ	독일

✏ 제시된 단어를 예와 같이 일본어로 써 보세요.

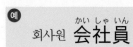

예
회사원 **会社員**
かいしゃいん

1 학생

2 선생님

3 한국인

4 일본인

5 가수

6 그녀

Step 2 핵심 문법 복습하기

---

❶ **~は …です** ~은/는 …입니다

❷ **~では[じゃ]ありません** ~이/가 아닙니다

❸ **~ですか** ~입니까?

❹ **はい** 예 / **いいえ** 아니요

✎ 빈칸에 알맞은 말을 넣어 보세요.

- -

1 私＿＿＿＿＿＿ 学生です。
　　　는

2 彼女は 会社員＿＿＿＿＿＿。
　　　　　　　　　　　　입니다

3 日本人＿＿＿＿＿＿。
　　　이 아닙니다

4 中国人＿＿＿＿＿＿。
　　입니까?

5 ＿＿＿＿＿＿、会社員です。
　　네

6 ＿＿＿＿＿＿、中国人では ありません。
　　아니요

● Step 3 회화 연습하기

✎ 빈칸에 알맞은 말을 넣어 보세요.

Ⅰ

1 _____ 学生^{がくせい}です。
　　나는

2 彼^{かれ}は _____。
　　　　　　가수입니다

3 山田^{やまだ}さんは _____。
　　　　　　　　일본인입니다

4 王^{ワン}さんは _____。
　　　　　　　중국인입니다

5 スミスさんは _____。
　　　　　　　　미국인입니다

Ⅱ

1 A 彼^{かれ}は _____。
　　　　　　학생입니까?

　　B はい、_____。
　　　　　　학생입니다

2 A 彼^{かれ}は _____。
　　　　　　피아니스트입니까?

　　B いいえ、_____。
　　　　　　피아니스트가 아닙니다

3 A _____。
　　　그는 가수입니까?

　　B _____。
　　　네, 가수입니다.

4 A _____。
　　　그녀는 선생님입니까?

　　B _____。
　　　아니요, 선생님이 아닙니다.

5 A _____。
　　　그녀는 일본인입니까?

　　B _____。
　　　네, 일본인입니다.

それはだれの本ですか。

그것은 누구 책이에요?

 Step 1 필수 단어 익히기

本 (ほん)	책	全部 (ぜんぶ)	전부
車 (くるま)	차	かばん	가방
日本語 (にほんご)	일본어	これ	이것
帽子 (ぼうし)	모자	それ	그것
時計 (とけい)	시계	あれ	저것
友達 (ともだち)	친구	どれ	어느 것
写真 (しゃしん)	사진	ボールペン	볼펜
靴 (くつ)	구두	ノート	노트
雑誌 (ざっし)	잡지	ケータイ	휴대폰
会社 (かいしゃ)	회사	カメラ	카메라

✏ 제시된 단어를 예와 같이 일본어로 써 보세요.

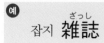

예

잡지　雑誌 (ざっし)

1 책　　　　　　　**2** 차　　　　　　　**3** 일본어

4 시계　　　　　　**5** 사진　　　　　　**6** 친구

❶ こ・そ・あ・ど 법칙
(이·그·저·어느 법칙)

これ	それ	あれ	どれ
이것	그것	저것	어느 것
この	その	あの	どの
이	그	저	~라고
こちら	そちら	あちら	どちら
이쪽	그쪽	저쪽	어느 쪽
こんな	そんな	あんな	どんな
이런	그런	저런	어떤

❷ の의 용법

1. ~의(소유격 조사)
私のかばん

2. ~의 것(소유대명사)
私の

3. 명사 수식(명사와 명사를 연결)
日本人の先生

❸ ~と ~와, ~과

❹ ~も ~도

✎ 빈칸에 알맞은 말을 넣어 보세요.

1 _____ は 本です。
　　이것

2 _____ かばん
　　저

3 先生_____ めがね
　　　　의

4 先生_____ 学生
　　　　과

5 私_____ 学生です。
　　　도

Step 3 회화 연습하기

✏️ 빈칸에 알맞은 말을 넣어 보세요.

Ⅰ

1 A この　めがねは　金^{キム}さんのですか。

B はい、_____。
　　　김 씨의 것입니다

2 A この　ボールペンは　あなたのですか。

B いいえ、_____。
　　　제 것이 아닙니다

3 A その　時計^{と けい}は　田中^{た なか}さんのですか。

B いいえ、_____。
　　　다나카 씨의 것이 아닙니다

4 A その　めがねは　山田^{やま だ}さんのですか。

B はい、_____。
　　　야마다 씨의 것입니다

5 A あの　車^{くるま}は　先生^{せんせい}のですか。

B いいえ、_____。
　　　선생님의 것이 아닙니다

Ⅱ

1 A これは　だれの　本^{ほん}ですか。

B _____は　_____　本^{ほん}です。
　　그것　　　　　나의

2 A これは　だれの　ケータイですか。

B _____は　_____　ケータイです。
　　그것　　　　　친구의

3 A それは　だれの　カメラですか。

B _____は　_____　カメラです。
　　이것　　　　　선생님의

4 A それは　だれの　写真^{しゃしん}ですか。

B _____は　ナさんの　写真^{しゃしん}です。
　　이것

5 A あれは　_____。
　　　　　　누구의 신발입니까?

B _____は　金^{キム}さんの　くつです。
　　저것

7

会社は何時から何時までですか。

회사는 몇 시부터 몇 시까지예요?

Step 1 ▸ 필수 단어 익히기

何時 (なんじ)	몇 시	今 (いま)	지금
仕事 (しごと)	일, 업무	病院 (びょういん)	병원
飲み会 (のみかい)	술자리, 회식	授業 (じゅぎょう)	수업
普通 (ふつう)	보통	会議 (かいぎ)	회의
半 (はん)	반, 절반	美容院 (びよういん)	미용실
午前 (ごぜん)	오전	学校 (がっこう)	학교
午後 (ごご)	오후	銀行 (ぎんこう)	은행
朝 (あさ)	아침	デパート	백화점
昼 (ひる)	낮	レストラン	레스토랑
夜 (よる)	저녁	アルバイト	아르바이트

✏ 제시된 단어를 예와 같이 일본어로 써 보세요.

회의 会議 (かいぎ)

1 일, 업무   **2** 오전   **3** 보통

4 아침   **5** 수업   **6** 은행

Step 2 핵심 문법 복습하기

❶ 何時ですか 몇 시입니까?

いちじ 1時	にじ 2時	さんじ 3時	よじ 4時	ごじ 5時	ろくじ 6時
1시	2시	3시	4시	5시	6시
しちじ 7時	はちじ 8時	くじ 9時	じゅうじ 10時	じゅういちじ 11時	じゅうにじ 12時
7시	8시	9시	10시	11시	12시

❷ 〜から …まで 〜부터 …까지

❸ 〜が 〜만 / 〜이, 〜가

✏️ 빈칸에 알맞은 말을 넣어 보세요.

1 今 ＿＿＿＿＿ですか。
  いま　　몇 시

2 病院は 何時＿＿＿＿＿ですか。
  びょういん　なんじ
  　　　　　　　부터

3 アルバイトは 夜8時＿＿＿＿＿です。
  　　　　　　　よる じ
  　　　　　　　　　　　까지

4 失礼です＿＿＿＿＿。
  しつれい
  　　　　만

5 これ＿＿＿＿＿ 私のです。
  　이　　　　　わたし

9

✏️ 빈칸에 알맞은 말을 넣어 보세요.

I

1 A すみません、今 何時ですか。

B _____
4시 20분입니다.

2 A すみません、今 何時ですか。

B _____
7시 30분입니다.

3 A すみません、今 何時ですか。

B _____
9시 50분입니다.

4 A すみません、今 何時ですか。

B _____
10시 15분입니다.

5 A すみません、今 何時ですか。

B _____
12시 40분입니다.

II

1 A 会社は 何時から 何時までですか。

B _____
회사는 오전 9시부터 오후 6시까지입니다.

2 A 銀行は 何時から 何時までですか。

B _____
은행은 오전 9시부터 오후 4시까지입니다.

3 A デパートは 何時から 何時までですか。

B _____
백화점은 오전 10시 30분부터 오후 7시 30분까지입니다.

4 A 病院は 何時から 何時までですか。

B _____
병원은 오전 10시부터 오후 7시까지입니다.

5 A レストランは 何時から 何時までですか。

B _____
레스토랑은 오전 11시부터 오후 10시까지입니다.

うどんはいくらですか。

우동은 얼마예요?

 Step 1 필수 단어 익히기

店員 (てんいん)	점원	デジタルカメラ	디지털카메라
お酒 (さけ)	술	ワイシャツ	와이셔츠
人形 (にんぎょう)	인형	ノートブック	노트북
円 (えん)	엔	サンドイッチ	샌드위치
くたさい	주세요	トースト	토스트
うどん	우동	ビール	맥주
いくら	얼마	ワイン	와인
コーヒー	커피	パスタ	파스타
ウォン	원	いらっしゃいませ	어서 오세요
すみません	죄송합니다	ありがとうございます	감사합니다

제시된 단어를 예와 같이 일본어로 써 보세요.

예
술 お酒 (さけ)

1 점원

2 인형

3 커피

4 맥주

5 엔

6 와이셔츠

❶ **いくらですか** 얼마입니까?

❷ **～(を)ください** ～을/를 주세요

❸ **で** ～해서, ～에(합계한 수량) / ～이고(구분)

❹ **개수 세기**

ひとつ	ふたつ	みっつ	よっつ	いつつ
한 개	두 개	세 개	네 개	다섯 개
むっつ	ななつ	やっつ	ここのつ	とお
여섯 개	일곱 개	여덟 개	아홉 개	열 개

✎ 빈칸에 알맞은 말을 넣어 보세요.

1 コーヒーは _____ですか。
　　　　　　　　　얼마

2 おにぎり _____。
　　　　　　　주세요

3 ビール _____ お願いします。
　　　　　두 개　　　　　ねが

4 _____ 10000ウォンです。
　전부해서

5 私は 韓国人_____、山田さんは日本人です。
　わたし　かんこくじん　이고　　やまだ　　　にほんじん

12

✏️ 빈칸에 알맞은 말을 넣어 보세요.

Ⅰ

1 A ワイシャツは　いくらですか。

B ＿＿＿＿＿＿＿＿＿＿＿＿＿ウォンです。
　　4만5천

2 A かばんは　いくらですか。

B ＿＿＿＿＿＿＿＿＿＿＿＿＿ウォンです。
　　27만

3 A ノートブックは　いくらですか。

B ＿＿＿＿＿＿＿＿＿＿＿＿＿ウォンです。
　　189만

4 A りんごは　いくらですか。

B ＿＿＿＿＿＿＿＿＿＿＿＿＿＿＿＿ウォンです。
　　사과는 두 개에 5천

5 A ももは　いくらですか。

B ＿＿＿＿＿＿＿＿＿＿＿＿＿＿＿＿＿ウォンです。
　　복숭아는 4개에 6천

Ⅱ

1 A コーヒーは　いくらですか。

B ＿＿＿＿＿＿＿＿＿＿＿＿＿＿＿＿＿＿＿＿＿＿
　　카페라떼는 200엔 이고 카푸치노는 250엔 입니다

2 A おさけは　いくらですか。

B ＿＿＿＿＿＿＿＿＿＿＿＿＿＿＿＿＿＿＿＿＿＿
　　맥주는 500엔 이고 와인은 1400엔입니다

3 A 人形は　いくらですか。
　　にんぎょう

B ＿＿＿＿＿＿＿＿＿＿＿＿＿＿＿＿＿＿＿＿＿＿
　　토토로는 6000엔이고 키티는 3500엔입니다

4 A パスタは　いくらですか。

B ＿＿＿＿＿＿＿＿＿＿＿＿＿＿＿＿＿＿＿＿＿＿
　　크림소스는 1260엔이고 미트소스는 980엔입니다

5 A ぜんぶで　いくらですか。

B ＿＿＿＿＿＿＿＿＿＿＿＿＿＿＿＿＿＿＿＿＿＿
　　전부해서 7만5천엔입니다

お誕生日はいつですか。
생일은 언제예요?

🔍 **Step 1** 필수 단어 익히기

誕生日 たんじょうび	생일	何曜日 なんようび	무슨 요일
いつ	언제	月曜日 げつようび	월요일
生まれ う	생, 태생, 출생	火曜日 かようび	화요일
今日 きょう	오늘	水曜日 すいようび	수요일
明日 あした	내일	木曜日 もくようび	목요일
ぼく	나(남자 1인칭)	金曜日 きんようび	금요일
休み やす	휴일, 휴가, 방학	土曜日 どようび	토요일
春 はる	봄	日曜日 にちようび	일요일
年 ねん	년	ソウル	서울
来週 らいしゅう	다음 주	おめでとうございます	축하드립니다

✏️ 제시된 단어를 예와 같이 일본어로 써 보세요.

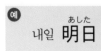

예
내일 **明日**
    あした

1 생일

2 오늘

3 휴일, 방학

4 다음주

5 토요일

6 일요일

❶ **いつですか** 언제입니까?

❷ **～じゃありませんか** ~(이)지 않습니까?

❸ **～ですね** ~이군요, ~이네요

❹ **生^うまれ** ~생, 태생, 출생

いちがつ **1 月** 1월	に がつ **2 月** 2월	さんがつ **3 月** 3월	し がつ **4 月** 4월	ご がつ **5 月** 5월	ろくがつ **6 月** 6월
しちがつ **7 月** 7월	はちがつ **8 月** 8월	く がつ **9 月** 9월	じゅうがつ **10 月** 10월	じゅういちがつ **11 月** 11월	じゅうにがつ **12 月** 12월

✎ 빈칸에 알맞은 말을 넣어 보세요.

1 お誕生日^{たんじょう び}は ＿＿＿＿＿＿＿＿ですか。
　　　　　　　　　　언제

2 日本語^{に ほん ご}の 先生^{せんせい}＿＿＿＿＿＿＿＿＿＿＿。
　　　　　　　　　　　이지 않습니까?

3 もう 春^{はる}＿＿＿＿＿＿＿。
　　　　　　　　　이네요

4 彼女^{かのじょ}は ソウル＿＿＿＿＿＿＿です。
　　　　　　　　　　　　　출생

15

✏️ 빈칸에 알맞은 말을 넣어 보세요.

Ⅰ

1 A 1日は 何曜日ですか。

B _____
목요일입니다.

2 A 9日は 何曜日ですか。

B _____
금요일입니다.

3 A 14日は 何曜日ですか。

B _____
수요일입니다.

4 A 19日は 何曜日ですか。

B _____
월요일입니다.

5 A 24日は 何曜日ですか。

B _____
토요일입니다.

Ⅱ

1 A 何月 何日ですか。

B _____
1월 10일입니다.

2 A 何月 何日ですか。

B _____
3월 3일입니다.

3 A 何月 何日ですか。

B _____
5월 8일입니다.

4 A 何月 何日ですか。

B _____
8월 15일입니다.

5 A 何月 何日ですか。

B _____
12월 24일입니다.

日本語は易しくて面白いです。

일본어는 쉽고 재미있어요.

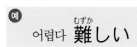 **Step 1** 필수 단어 익히기

韓国語 かんこくご	한국어		暑い あつ	덥다
発音 はつおん	발음		寒い さむ	춥다
漢字 かんじ	한자		熱い あつ	뜨겁다
勉強 べんきょう	공부		冷たい つめ	차갑다
天気 てんき	날씨		高い たか	비싸다. 높다
面白い おもしろ	재미있다		安い やす	싸다
難しい むずか	어렵다		近い ちか	가깝다
易しい やさ	쉽다		遠い とお	멀다
大きい おお	크다		新しい あたら	새롭다
小さい ちい	작다		古い ふる	오래되다, 낡다

✏️ 제시된 단어를 예와 같이 일본어로 써 보세요.

예
어렵다 難しい
むずか

1 한자

2 공부

3 덥다

4 가깝다

5 새롭다

6 날씨

❶ い형용사

기본형 + です	~(ㅂ)니다(정중형)	やさしいです　쉽습니다
어간 + くないです くありません	~(하)지 않습니다 (정중한 부정형)	やさしくないです / やさしくありません　쉽지 않습니다
기본형 + 名詞	~한(수식형)	やさしい日本語[にほんご]　쉬운 일본어
어간 + くて	~(하)고(나열) / ~이어서(이유 설명)	やさしくて　쉽고, 쉬워서

✏️ 빈칸에 알맞은 말을 넣어 보세요.

1　日本語[にほんご]の　勉強[べんきょう]は ＿＿＿＿＿＿＿＿＿＿＿＿。
　　　　　　　　　　　　　　　재미있습니다

2　今日[きょう]は ＿＿＿＿＿＿＿＿＿＿＿＿。
　　　　　　　　　덥지 않습니다

3　＿＿＿＿＿＿　キムチ
　　　매운

4　＿＿＿＿＿＿　高[たか]い　車[くるま]
　　　크고

5　漢字[かんじ]が　＿＿＿＿＿＿、大変[たいへん]です。
　　　　　　　　　어려워서

6　この　ケーキは　とても　おいしいです＿＿＿＿。
　　　　　　　　　　　　　　　　　　　　　　　요(강조)

Step 3 회화 연습하기

✎ 빈칸에 알맞은 말을 넣어 보세요.

Ⅰ 1 A この カメラは 大^{おお}きいですか。

　　B いいえ、_____
　　　　　크지 않습니다. 작습니다.

　 2 A 部屋^{へや}は 広^{ひろ}いですか。

　　B いいえ、_____
　　　　　넓지 않습니다. 좁습니다.

　 3 A 夏^{なつ}は 寒^{さむ}いですか。

　　B いいえ、_____
　　　　　춥지 않습니다. 덥습니다.

　 4 A キムチは 甘^{あま}いですか。

　　B いいえ、_____
　　　　　달지 않습니다. 맵습니다.

　 5 A この 車^{くるま}は 新^{あたら}しいですか。

　　B いいえ、_____
　　　　　새롭지 않습니다. 오래되었습니다.

Ⅱ 1 A どんな 先生^{せんせい}ですか。

　　B _____ 先生^{せんせい}です。
　　　　상냥하고 재미있는

　 2 A どんな かばんですか。

　　B _____ かばんです。
　　　　작고 귀여운

　 3 A どんな コーヒーですか。

　　B _____ コーヒーです。
　　　　뜨겁고 맛있는

　 4 A どんな 店^{みせ}ですか。

　　B _____ 店^{みせ}です。
　　　　새롭고 넓은

　 5 A どんな 天気^{てんき}ですか。

　　B _____ 天気^{てんき}です。
　　　　따뜻하고 좋은

賑やかで有名な町です。

번화하고 유명한 거리예요.

Step 1 ▶ 필수 단어 익히기

じょ せい 女性	여성	しん せつ 親切だ	친절하다
わか もの 若者	젊은이	しず 静かだ	조용하다
まち 町	거리, 동네	げん き 元気だ	건강하다
じ む しつ 事務室	사무실	ま じ め 真面目だ	성실하다
こ ども 子供	아이	べん り 便利だ	편리하다
にん き 人気	인기	ふ べん 不便だ	불편하다
こう つう 交通	교통	かん たん 簡単だ	간단하다
ち か てつ 地下鉄	지하철	らく 楽だ	편하다
にぎ 賑やかだ	번화하다, 번잡하다	じょう ぶ 丈夫だ	튼튼하다
ゆう めい 有名だ	유명하다	ハンサムだ	핸섬하다

 제시된 단어를 예와 같이 일본어로 써 보세요.

예
사무실 じ む しつ
事務室

1 여성   **2** 지하철   **3** 유명하다

4 친절하다   **5** 편리하다   **6** 젊은이

Step 2 핵심 문법 복습하기

---

❶ な형용사(형용동사)

어간 + です	~(ㅂ)니다(정중형)	有名です 유명합니다
+ では[じゃ]ありません **では[じゃ]ないです**	~(하)지 않습니다 (정중한 부정형)	有名では[じゃ]ありません 有名では[じゃ]ありません 유명하지 않습니다
+ な + 명사	~한(수식형)	有名な人 유명한 사람
+ で	~(하)고(나열) / ~이어서(이유 설명)	有名で 유명하고, 유명해서

❷ ~から ~때문에, ~이니까(이유 설명)

✏️ 빈칸에 알맞은 말을 넣어 보세요.

1 この 町は _____。
　　　　　　　　번화합니다

2 彼女は _____。
　　　　　　　친절하지 않습니다

3 _____ 会社
　유명한

4 _____ ハンサムな 人
　성실하고

5 ここは _____、いいです。
　　　　　　　조용해서

6 料理が _____。
　　　　　　맛있기 때문에(맛있으니까)

21

💬 **Step 3** 회화 연습하기

✏️ 빈칸에 알맞은 말을 넣어 보세요.

Ⅰ 　**1**　A 中村さんは　ハンサムですか。
なかむら

　　　　B はい、＿＿＿＿＿＿＿＿＿＿＿＿＿。
　　　　　　　　핸섬합니다

　　2　A 金さんは　親切ですか。
キム　　　　しんせつ

　　　　B はい、＿＿＿＿＿＿＿＿＿＿＿＿＿。
　　　　　　　　친절합니다

　　3　A ダンスは　上手ですか。
じょう　ず

　　　　B はい、＿＿＿＿＿＿＿＿＿＿＿＿＿。
　　　　　　　　잘합니다

　　4　A この　車は　きれいですか。
くるま

　　　　B いいえ、＿＿＿＿＿＿＿＿＿＿＿＿＿＿。
　　　　　　　　깨끗하지 않습니다

　　5　A 町は　静かですか。
まち　　しず

　　　　B いいえ、＿＿＿＿＿＿＿＿＿＿＿＿＿＿。
　　　　　　　　조용하지 않습니다

Ⅱ 　**1**　A どんな　人ですか。
ひと

　　　　B ＿＿＿＿＿＿＿＿＿＿＿＿＿＿＿＿＿＿
　　　　　　핸섬하고 부유한 사람입니다.

　　2　A どんな　学生ですか。
がくせい

　　　　B ＿＿＿＿＿＿＿＿＿＿＿＿＿＿＿＿＿＿
　　　　　　건강하고 성실한 학생입니다.

　　3　A どんな　モデルですか。

　　　　B ＿＿＿＿＿＿＿＿＿＿＿＿＿＿＿＿＿＿
　　　　　　날씬하고 예쁜 모델입니다.

　　4　A どんな　仕事ですか。
し　ごと

　　　　B ＿＿＿＿＿＿＿＿＿＿＿＿＿＿＿＿＿＿
　　　　　　간단하고 편한 일입니다.

　　5　A どんな　先生ですか。
せんせい

　　　　B ＿＿＿＿＿＿＿＿＿＿＿＿＿＿＿＿＿＿
　　　　　　친절하고 멋진 선생님입니다.

どんな音楽が好きですか。

어떤 음악을 좋아하세요?

🔍 **Step 1** 필수 단어 익히기

<ruby>春<rt>はる</rt></ruby>	봄		<ruby>家族<rt>か ぞく</rt></ruby>	가족
<ruby>夏<rt>なつ</rt></ruby>	여름		お<ruby>金<rt>かね</rt></ruby>	돈
<ruby>秋<rt>あき</rt></ruby>	가을		<ruby>健康<rt>けん こう</rt></ruby>	건강
<ruby>冬<rt>ふゆ</rt></ruby>	겨울		<ruby>一番<rt>いち ばん</rt></ruby>	가장, 제일
<ruby>犬<rt>いぬ</rt></ruby>	개		<ruby>好<rt>す</rt></ruby>きだ	좋아하다
<ruby>猫<rt>ねこ</rt></ruby>	고양이		<ruby>嫌<rt>きら</rt></ruby>いだ	싫어하다
<ruby>音楽<rt>おん がく</rt></ruby>	음악		<ruby>上手<rt>じょう ず</rt></ruby>だ	잘하다, 능숙하다
<ruby>海<rt>うみ</rt></ruby>	바다		<ruby>下手<rt>へ た</rt></ruby>だ	못하다, 서투르다
<ruby>山<rt>やま</rt></ruby>	산		<ruby>大切<rt>たい せつ</rt></ruby>だ	소중하다
<ruby>季節<rt>き せつ</rt></ruby>	계절		<ruby>重要<rt>じゅう よう</rt></ruby>だ	중요하다

✏️ 제시된 단어를 예와 같이 일본어로 써 보세요.

예

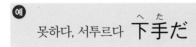

못하다, 서투르다 <ruby>下手<rt>へ た</rt></ruby>だ

1 계절

2 고양이

3 가족

4 능숙하다

5 좋아하다

6 건강

Step 2 핵심 문법 복습하기

---

❶ **~을 좋아하다**

~が 好きです ~을(를) 좋아합니다.

どんな ~が 好きですか 어떤 ~을(를) 좋아하세요?

❷ **비교 구문**

Aと Bと どちらが ~ですか A와 B (둘 중에서) 어느 쪽을 (더) ~하세요?

Aより Bのほうが ~です A보다 B 쪽을 (더) ~해요

❸ **최상급 구문**

一番 가장, 제일

~の中で (의) 중에서

何 무엇 / いつ 언제 / だれ 누구 / どこ 어디 / どれ 어느 것

✏️ **빈칸에 알맞은 말을 넣어 보세요.**

1 音楽＿＿＿＿＿＿＿＿＿＿。
　　　을 좋아합니다

2 ＿＿＿＿＿＿ スポーツが 好きですか。
　어떤

3 海＿＿＿＿ 山＿＿＿＿ ＿＿＿＿＿が 好きですか。
　하고　　　　하고　　　어느 쪽

4 東京＿＿＿＿ ソウルの＿＿＿＿が 寒いです。
　　보다　　　　　　　쪽

5 ＿＿＿＿＿ 有名です。
　가장

6 季節の ＿＿＿＿＿ 秋が 一番 好きです。
　　　　중에서

💬 **Step 3** 회화 연습하기

✏️ 빈칸에 알맞은 말을 넣어 보세요.

- -

Ⅰ **1** A 日本語と 英語と どちらが 上手ですか。

B _____
일본어(쪽)을 (더) 잘합니다.

2 A バスと 地下鉄と どちらが 便利ですか。

B _____
지하철 쪽이 (더) 편리합니다.

3 A お金と 健康と どちらが 大切ですか。

B _____
건강 쪽이 (더) 중요합니다.

4 A 恋人と 友達と どちらが いいですか。

B _____
애인 쪽이 (더) 좋습니다.

5 A 家族と 仕事と どちらが 重要ですか。

B _____
가족 쪽이 (더) 중요합니다.

Ⅱ **1** A 果物の中で 何が 一番 好きですか。

B _____
사과를 가장 좋아합니다.

2 A 歌手の中で だれが 一番 好きですか。

B _____
아이유를 가장 좋아합니다.

3 A 季節の中で いつが 一番 好きですか。

B _____
가을을 가장 좋아합니다.

4 A 韓国の 山の中で どこが 一番 好きですか。

B _____
지리산을 가장 좋아합니다.

5 A コーヒーと 紅茶と コーラの中で どれが 一番
好きですか。

B _____
커피를 가장 좋아합니다.

25

クラスに学生は何人いますか。

반에 학생은 몇 명 있어요?

Step 1 필수 단어 익히기

花 (はな)	꽃	上 (うえ)	위
木 (き)	나무	下 (した)	아래
現金 (げんきん)	현금	中 (なか)	안
銀行 (ぎんこう)	은행	外 (そと)	밖
本屋 (ほんや)	서점, 책방	前 (まえ)	앞
郵便局 (ゆうびんきょく)	우체국	後ろ (うし)	뒤
女の子 (おんなのこ)	여자아이	隣 (となり)	이웃, 옆
男の子 (おとこのこ)	남자아이	向かい (む)	맞은 편
楽しい (たの)	즐겁다	回り (まわ)	주위
目的 (もくてき)	목적	横 (よこ)	옆

제시된 단어를 예와 같이 일본어로 써 보세요.

예
이웃, 옆 **隣** (となり)

1 현금

2 은행

3 앞

4 뒤

5 옆

6 서점

(무생물, 식물)	(생물: 사람, 동물)
あります 있습니다	います 있습니다
ありません 없습니다	いません 없습니다
～に あります	～に います ～에 있습니다
どこに ありますか	どこに いますか 어디에 있습니까?

✏️ 빈칸에 알맞은 말을 넣어 보세요.

1 つくえと いすが ＿＿＿＿＿＿＿＿。
　　　　　　　　　　 있습니다

2 現金(げんきん)は ＿＿＿＿＿＿＿＿。
　　　　　　　　 없습니다

3 犬(いぬ)が ＿＿＿＿＿＿＿＿。
　　　　　 있습니다

4 恋人(こいびと)は ＿＿＿＿＿＿＿＿。
　　　　　　　 없습니다

5 会社(かいしゃ)は 駅(えき)の そば＿＿＿＿＿＿＿＿。
　　　　　　　　　　　　　　　 에 있습니다

6 本(ほん)は ＿＿＿＿＿＿ ありますか。
　　　　　 어디에

✎ 빈칸에 알맞은 말을 넣어 보세요.

Ⅰ

1 A 本は　どこに　ありますか。

B ＿＿＿＿＿＿＿＿＿＿＿＿＿＿＿＿
책상 위에 있습니다.

2 A 財布は　どこに　ありますか。

B ＿＿＿＿＿＿＿＿＿＿＿＿＿＿＿＿
가방 안에 있습니다.

3 A 雑誌は　どこに　ありますか。

B ＿＿＿＿＿＿＿＿＿＿＿＿＿＿＿＿
소파 밑에 있습니다.

4 A 山田さんは　どこに　いますか。

B ＿＿＿＿＿＿＿＿＿＿＿＿＿＿＿＿
다나카 씨 옆에 있습니다.

5 A 猫は　どこに　いますか。

B ＿＿＿＿＿＿＿＿＿＿＿＿＿＿＿＿
강 씨 앞에 있습니다.

Ⅱ

1 A 銀行は　どこに　ありますか。

B ＿＿＿＿＿＿＿＿＿＿＿＿＿＿＿＿
은행은 회사 옆에 있습니다.

2 A デパートは　どこに　ありますか。

B ＿＿＿＿＿＿＿＿＿＿＿＿＿＿＿＿
백화점은 우체국 앞에 있습니다.

3 A コンビニは　どこに　ありますか。

B ＿＿＿＿＿＿＿＿＿＿＿＿＿＿＿＿
편의점은 우체국 근처에 있습니다.

4 A 郵便局は　どこに　ありますか。

B ＿＿＿＿＿＿＿＿＿＿＿＿＿＿＿＿
우체국은 백화점 뒤에 있습니다.

5 A 本屋は　どこに　ありますか。

B ＿＿＿＿＿＿＿＿＿＿＿＿＿＿＿＿
서점은 은행의 맞은편에 있습니다.

暇な時、何をしますか。

한가할 때 무엇을 합니까?

Step 1 필수 단어 익히기

しょく どう 食堂	식당	し 死ぬ	죽다
しゅ るい 種類	종류	あそ 遊ぶ	놀다
えい が 映画	영화	の 飲む	마시다
ひま 暇だ	한가하다	よ 読む	읽다
うれ 嬉しい	기쁘다	み 見る	보다
あ 会う	만나다	お 起きる	일어나다
い 行く	가다	た 食べる	먹다
およ 泳ぐ	헤엄치다	ね 寝る	자다
はな 話す	이야기하다	く 来る	오다
ま 待つ	기다리다	する	하다

 제시된 단어를 예와 같이 일본어로 써 보세요.

예
종류 しゅ るい
種類

1 식당

2 기쁘다

3 가다

4 놀다

5 자다

6 영화

핵심 문법 복습하기

❶ **동사의 ます형**

Ⅰ그룹 동사 (5단 동사)	う단 → い단 + ます
Ⅱ그룹 동사 (상하 1단 동사)	어간 + ます
Ⅲ그룹 동사 (불규칙 동사)	来る ➡ 来ます / する ➡ します

❷ **ます** ~습니다(동사의 정중형) / **ません** ~(하)지 않습니다(정중 부정형)

❸ **ました** ~었습니다(동사의 과거형) / **ませんでした** ~(하)지 않았습니다(과거 부정형)

❹ **조사**

~を ~을/를 / ~と ~와, 과 / ~へ ~에, ~로(방향)

~で ~에서(장소), ~로(도구) / ~に ~에(위치, 시점), ~을/를(대상)

✏️ 빈칸에 알맞은 말을 넣어 보세요.

1 会う (만나다) ＿＿＿＿＿＿＿ (만납니다)

2 行く (가다) ＿＿＿＿＿＿＿ (갑니다)

3 話す (이야기하다) ＿＿＿＿＿＿＿ (이야기합니다)

4 待つ (기다리다) ＿＿＿＿＿＿＿ (기다립니다)

5 死ぬ (죽다) ＿＿＿＿＿＿＿ (죽었습니다)

6 飲む (마시다) ＿＿＿＿＿＿＿ (마셨습니다)

7 帰る (돌아가다) ＿＿＿＿＿＿＿ (돌아갔습니다)

8 見る (보다) ＿＿＿＿＿＿＿ (보지 않습니다)

9 食べる (먹다) ＿＿＿＿＿＿＿ (먹지 않습니다)

10 来る (오다) ＿＿＿＿＿＿＿ (오지 않았습니다)

Step 3 회화 연습하기

✎ 빈칸에 알맞은 말을 넣어 보세요.

Ⅰ

1 A 学校に　　＿＿＿＿＿＿＿＿＿。（行く）

　　　　　갑니까?

　　B はい、＿＿＿＿＿＿＿＿＿。

　　　　　갑니다

2 A コーヒーを　＿＿＿＿＿＿＿＿。（飲む）

　　　　　마십니까?

　　B いいえ、＿＿＿＿＿＿＿＿。

　　　　　마시지 않습니다

3 A 日本語で　＿＿＿＿＿＿＿＿。（話す）

　　　　　이야기합니까?

　　B はい、＿＿＿＿＿＿＿＿。

　　　　　이야기합니다

4 A 朝早く　＿＿＿＿＿＿＿＿。（起きる）

　　　　　일어납니까?

　　B いいえ、＿＿＿＿＿＿＿＿。

　　　　　일어나지 않습니다

Ⅱ

1 A 早く　家に　＿＿＿＿＿＿＿＿。（帰る）

　　　　　돌아갔습니까?

　　B はい、＿＿＿＿＿＿＿＿。

　　　　　돌아갔습니다

2 A 飲み屋へ　＿＿＿＿＿＿＿＿。（行く）

　　　　　갔습니까?

　　B いいえ、＿＿＿＿＿＿＿＿。

　　　　　가지 않았습니다

3 A 映画を　＿＿＿＿＿＿＿＿。（見る）

　　　　　봤습니까?

　　B はい、＿＿＿＿＿＿＿＿。

　　　　　봤습니다

4 A デートを　＿＿＿＿＿＿＿＿。（する）

　　　　　했습니까?

　　B はい、＿＿＿＿＿＿＿＿。

　　　　　했습니다

5 A 友達は　＿＿＿＿＿＿＿＿。（来る）

　　　　　왔습니까?

　　B いいえ、＿＿＿＿＿＿＿＿。

　　　　　오지 않았습니다

今度の週末に遊びに行きませんか。
이번 주말에 놀러 가지 않을래요?

Step 1 필수 단어 익히기

お茶	차	時間	시간
お酒	술	雰囲気	분위기
旅行	여행	少し	조금
散歩	산책	一生懸命	열심히
買い物	쇼핑	新鮮だ	신선하다
品物	물건	出発する	출발하다
週末	주말	気軽に	(마음) 가볍게
景色	경치	休む	쉬다
食事	식사	ドライブ	드라이브
頭	머리	スキー	스키

 제시된 단어를 예와 같이 일본어로 써 보세요.

예
열심히 **一生懸命**

1 여행

2 산책

3 주말

4 출발

5 식사

6 경치

Step 2 핵심 문법 복습하기

---

① **목적 표현**   ～に ～하러

   (명사 + に / 동사의 ます형 + に)

② **나열 표현**   ～し ～(하)고(나열)

③ **권유 표현**   ～ませんか ～하지 않겠습니까
   ～ましょう ～합시다
   ～ましょうか ～할까요

✏️ 빈칸에 알맞은 말을 넣어 보세요.

----

1 食事＿＿＿ 行きます。
   しょく じ   い
      하러

2 ＿＿＿＿＿＿＿ 来ます。
                  き
   만나러

3 彼は ハンサムだ＿＿＿、頭も いいです。
   かれ   あたま
                  하고

4 ちょっと お茶でも ＿＿＿＿＿＿＿＿＿＿。
                ちゃ
                        마시지 않겠습니까?

5 一生懸命 ＿＿＿＿＿＿＿＿＿＿。
   いっしょうけんめい
              공부합시다

6 いっしょに ＿＿＿＿＿＿＿＿＿。
              놀까요?

33

✎ 빈칸에 알맞은 말을 넣어 보세요.

I

1 _____ 行^いきませんか。
스키 타러

2 _____ 行^いきませんか。
드라이브하러

3 _____ 行^いきませんか。
영화를 보러

4 _____ 行^いきませんか。
술을 마시러

5 _____ 行^いきませんか。
수영하러(헤엄치러)

II

1 **A** 何^{なに}か 飲^のみましょうか。

　　 B _____
맥주를 마십시다(마시죠).

2 **A** 何^{なに}か 食^たべましょうか。

　　 B _____
초밥을 먹읍시다(먹죠).

3 **A** どこか ショッピングに 行^いきましょうか。

　　 B _____
명동에 갑시다.

4 **A** どこか 遊^{あそ}びに 行^いきましょうか。

　　 B _____
드림랜드에 갑시다.

おいしい冷麺が食べたいです。

맛있는 냉면을 먹고 싶어요.

🔍 **Step 1** 필수 단어 익히기

お昼 (ひる)	점심	美しい (うつく)	아름답다
定食 (ていしょく)	정식	若い (わか)	젊다
久しぶりに (ひさ)	오랜만에	立派だ (りっぱ)	훌륭하다
結婚 (けっこん)	결혼	別れる (わか)	헤어지다
社会人 (しゃかいじん)	사회인	帰る (かえ)	돌아가다
恋人 (こいびと)	애인	メニュー	메뉴
残業 (ざんぎょう)	잔업, 야근	デザイナー	디자이너
就職 (しゅうしょく)	취직	アクセサリー	액세서리
最新型 (さいしんがた)	최신형	サングラス	선글라스

✏️ 제시된 단어를 예와 같이 일본어로 써 보세요.

예

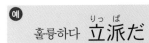
훌륭하다 立派だ (りっぱ)

1 결혼

2 애인

3 잔업

4 아름답다

5 돌아가다

6 점심

---

❶ 소원표현

〜たい　〜(하)고 싶다 (동사의 ます형에 접속)

〜たくない　〜(하)고 싶지 않다

〜が ほしい　〜을(를) 갖고 싶다

〜に なりたい　〜이(가) 되고 싶다

🖊 빈칸에 알맞은 말을 넣어 보세요.

1　日本へ ＿＿＿＿＿です。
　　　일본에 가고 싶습니다.

2　＿＿＿＿＿です。
　　　결혼하고 싶습니다.

3　何も ＿＿＿＿＿です。
　　　아무것도 먹고 싶지 않습니다.

4　かわいい 犬が ＿＿＿＿＿です。
　　　귀여운 개를 갖고 싶습니다.

5　有名な デザイナーに ＿＿＿＿＿です。
　　　유명한 디자이너가 되고 싶습니다.

36

✏ 빈칸에 알맞은 말을 넣어 보세요.

I

1 A 日本語で 話したいですか。

B はい、_____。
　　　　일본어로 이야기하고 싶어요

2 A 友達と 遊びたいですか。

B はい、_____。
　　　　친구와 놀고 싶어요

3 A 早く 家に 帰りたいですか。

B はい、_____。
　　　　일찍 집에 돌아가고 싶어요

4 A 恋人と 別れたいですか。

B いいえ、_____。
　　　　애인과 헤어지고 싶지 않아요

5 A 残業したいですか。

B いいえ、_____。
　　　　잔업하고 싶지 않아요

II

1 A 今 何が 一番 ほしいですか。

B _____。
　　가방을 가장 갖고 싶어요.

2 A 今 何が 一番 食べたいですか。

B _____。
　　라면을 가장 먹고 싶어요.

3 A 今 何が 一番 飲みたいですか。

B _____。
　　커피를 가장 마시고 싶어요.

4 A どこへ 一番 行きたいですか。

B _____。
　　오키나와에 가장 가고 싶어요.

地下鉄駅まで歩いて行きます。

지하철역까지 걸어서 갑니다.

 Step 1 필수 단어 익히기

顔 かお	얼굴	書く か	쓰다
手 て	손	聞く き	듣다
声 こえ	목소리	始める はじ	시작하다
住所 じゅうしょ	주소	教える おし	가르치다
窓 まど	창문	説明する せつめい	설명하다
予約 よやく	예약	手伝う て つだ	돕다, 거들다
洗う あら	씻다	乗り換える の か	갈아타다
言う い	말하다	降りる お	내리다
開ける あ	열다	歌を歌う うた うた	노래를 부르다
歩く ある	걷다	踊りを踊る おど おど	춤을 추다

 제시된 단어를 예와 같이 일본어로 써 보세요.

예
시작하다 **始める**
　　　　はじ

1 얼굴

2 씻다

3 가르치다

4 설명하다

5 갈아타다

6 주소

❶ 동사의 て형 　～(하)고, ～(해)서

I그룹 동사 (5단 동사)	II그룹 동사 (상하 1단 동사)	III그룹 동사 (불규칙 동사)
く→いて / ぐ→いで 　(예외 行く → 行って) う, つ, る → って ぬ, ぶ, む → んで す 　　→ して	어간 + て	来る → 来て する → して

❷ ～てください 　～해 주세요

❸ ～ながら 　～하면서(동시 동작) 　(동사의 ます형에 접속)

✎ 빈칸에 알맞은 말을 넣어 보세요.

1 朝 _____ 顔を 洗います。
아침에 일어나서 얼굴을 씻습니다.

2 バスに _____ 会社へ 行きます。
버스를 타고 회사에 갑니다.

3 ここに 住所を _____。
여기에 주소를 써 주세요.

4 もう 一度 説明_____。
한 번 더 설명해 주세요.

5 音楽を _____ コーヒーを 飲みます。
음악을 들으면서 커피를 마십니다.

✏️ 빈칸에 알맞은 말을 넣어 보세요.

Ⅰ

1 A これから 何を しますか。

　　B _____
　　　지하철을 타고 회사에 갑니다.

2 A これから 何を しますか。

　　B _____
　　　커피를 마시고 일을 시작합니다.

3 A これから 何を しますか。

　　B _____
　　　친구를 만나서 식사를 합니다.

4 A これから 何を しますか。

　　B _____
　　　집에 돌아가서 샤워를 합니다.

5 A これから 何を しますか。

　　B _____
　　　샤워를 하고 잡니다.

Ⅱ

1 すみません。_____
　　　수업중이니까 조용히 해 주세요.

2 すみません。_____
　　　비싸니까 싸게 해 주세요.

3 すみません。_____
　　　바쁘니까 도와주세요.

4 すみません。_____
　　　모르니까 가르쳐 주세요.

5 すみません。_____
　　　잘 안 들리니까 큰 목소리로 말해 주세요.

山田さんはオークションを知っていますか。

야마다 씨는 옥션을 아세요?

 Step 1 필수 단어 익히기

雨 あめ	비	座る すわ	앉다
雪 ゆき	눈	習う なら	배우다
風 かぜ	바람	入る はい	들어가다, 들어오다
教師 きょう し	교사	立つ た	일어서다, 서다
商社 しょうしゃ	상사	眼鏡をかける め がね	안경을 쓰다
病院 びょういん	병원	帽子をかぶる ぼう し	모자를 쓰다
貿易会社 ぼう えき がい しゃ	무역회사	スーツを着る き	정장을 입다
知る し	알다	ネクタイをしめる	넥타이를 메다
笑う わら	웃다	靴をはく くつ	구두를 신다
住む す	살다	スカートをはく	스커트를 입다

✎ 제시된 단어를 예와 같이 일본어로 써 보세요.

예
무역회사 貿易会社
ぼう えき がい しゃ

1 비

2 교사

3 앉다

4 배우다

5 살다

6 들어가다

Step 2 핵심 문법 복습하기

---

❶ **〜ています** 〜(하)고 있습니다 (동사의 て형 + います)

1. 현재 진행 동작

2. 자세, 표정

3. 옷차림, 착용

4. 날씨, 사물의 상태

5. 직업, 거주지

❷ **〜ている + 명사** 〜하고 있는

✐ 빈칸에 알맞은 말을 넣어 보세요.

1　レポートを ＿＿＿＿＿＿ います。
　　　　　　　　쓰고

2　雨<ruby>雨<rt>あめ</rt></ruby>が ＿＿＿＿＿＿＿＿＿。
　　　　　　　내리고 있습니다

3　ソウルに ＿＿＿＿＿＿＿＿＿。
　　　　　　　살고 있습니다

4　スーツを ＿＿＿＿＿＿＿＿ 人<rt>ひと</rt>が　山田<rt>やまだ</rt>さんです。
　　　　　　　입고 있는

5　＿＿＿＿＿＿＿＿＿＿＿ 人<rt>ひと</rt>は　中村<rt>なかむら</rt>さんです。
　　책을 읽고 있는

Step 3 회화 연습하기

✏️ 빈칸에 알맞은 말을 넣어 보세요.
- -

Ⅰ A 今 何を していますか。

1 B 友達と _____。
이야기하고 있습니다

2 B 歌を _____。
부르고 있습니다

3 B 本を _____。
읽고 있습니다

4 B 仕事を _____。
하고 있습니다

5 B デートを _____。
하고 있습니다

Ⅱ **1** A 金さんは どの人ですか。

B _____ 人です。
안경을 쓰고 있는

2 A 中村さんは どの人ですか。

B _____ 人です。
미니스커트를 입고 있는

3 A 田中さんは どの人ですか。

B _____ 人です。
모자를 쓰고 있는

4 A 吉田さんは どの人ですか。

B _____ 人です。
주스를 마시고 있는

5 A 鈴木さんは どの人ですか。

B _____ 人です。
웃고 있는

43

妹さんは田中さんに似ていますか。

여동생은 다나카 씨를 닮았나요?

Step 1 필수 단어 익히기

そ ふ 祖父	(자신의) 할아버지	じ い お祖父さん	할아버지
そ ぼ 祖母	할머니	ば あ お祖母さん	할머니
ち ち 父	아버지	とう お父さん	아버지
はは 母	어머니	かあ お母さん	어머니
あに 兄	형, 오빠	にい お兄さん	형, 오빠
あね 姉	누나, 언니	ねえ お姉さん	누나, 언니
いもうと 妹	여동생	いもうと 妹 さん	여동생(분)
おとうと 弟	남동생	おとうと 弟 さん	남동생(분)
むす こ 息子	아들	きょう だい 兄弟	형제
むすめ 娘	딸	りょうしん 両親	양친, 부모님

✎ 제시된 단어를 예와 같이 일본어로 써 보세요.
- -

예

1 양친, 부모님

2 형제

3 아들

4 딸

5 여동생

6 누나, 언니

44

Step 2 핵심 문법 복습하기

---

❶ 何人兄弟ですか　형제가 몇 명이에요?
　　なんにんきょうだい

❷ おいくつですか　몇 살이에요?

❸ ～に 似て いる　～을(를) 닮다
　　　　に

❹ 結婚して いる　결혼한 상태
　　けっこん

✏ **빈칸에 알맞은 말을 넣어 보세요.**

1　가족관계

	(자기 가족을 남에게 소개 할 때)	(남의 가족을 존칭)
할아버지	祖父 そ ふ	할아버님 ＿＿＿＿＿＿＿＿。
할머니	＿＿＿＿＿＿＿＿	お祖母さん ば あ
아버지	父 ちち	아버님 ＿＿＿＿＿＿＿＿。
어머니	＿＿＿＿＿＿＿＿	お母さん かあ
형・오빠	兄 あに	형님 ＿＿＿＿＿＿＿＿。
누나・언니	＿＿＿＿＿＿＿＿	お姉さん ねえ
남동생	弟 おとうと	남동생분 ＿＿＿＿＿＿＿＿。
여동생	＿＿＿＿＿＿＿＿	妹さん いもうと

2　失礼ですけど、＿＿＿＿＿＿ですか。
　　しつれい　　　　　　　몇 살

45

✏️ 빈칸에 알맞은 말을 넣어 보세요.

Ⅰ 1 A ご家族は　何人ですか。

B ＿＿＿＿＿＿＿＿＿＿＿＿＿＿＿私、3人　家族です。
　　　어머니와 아버지와

2 A ご家族は　何人ですか。

B ＿＿＿＿＿＿＿＿＿＿＿＿＿＿＿私、4人　家族です。
　　　아버지와 어머니와 남동생과

3 A ご家族は　何人ですか。

B ＿＿＿＿＿＿＿＿＿＿＿＿＿＿＿私、5人　家族です。
　　　할아버지와 할머니와 어머니와 형과

4 A 金さんは　だれに　似ていますか。

B ＿＿＿＿＿＿＿に　似ています。
　　　아버지

5 A 中村さんは　だれに　似ていますか。

B ＿＿＿＿＿＿＿　似ていません。
　　　아무도

Ⅱ 1 A 失礼ですが、お父さんは　おいくつですか。

B ＿＿＿＿＿＿＿＿は 63歳です。
　　　아버지

2 A 失礼ですが、お兄さんは　おいくつですか。

B ＿＿＿＿＿＿＿＿＿＿＿＿＿＿＿＿＿＿＿
　　　형은 34살입니다.

3 A 失礼ですが、弟さんは　おいくつですか。

B ＿＿＿＿＿＿＿＿＿＿＿＿＿＿＿＿＿＿＿
　　　남동생은 27살입니다.

4 A 失礼ですが、妹さんは　おいくつですか。

B ＿＿＿＿＿＿＿＿＿＿＿＿＿＿＿＿＿＿＿
　　　여동생은 20살입니다.

お見合をしたことがありますか。

맞선을 본 적이 있나요?

Step 1 필수 단어 익히기

あい て 相手	상대	しゅっちょう 出張	출장
でん しゃ 電車	전철	しょ るい 書類	서류
ふね 船	배	どく しょ 読書	독서
ひ こう き 飛行機	비행기	じょう ほう がい しゃ 情報会社	정보회사
けっ せき 欠席	결석	わす 忘れる	잊다
ち こく 遅刻	지각	み あ お見合いをする	맞선을 보다
しょうせつ 小説	소설	にゅうかい 入会する	가입하다
にゅう がく 入学	입학	にゅういん 入院する	입원하다
し けん 試験	시험	い ねむ 居眠りする	(앉아서) 깜빡 졸다
やく そく 約束	약속	き い 気に入る	마음에 들다

제시된 단어를 예와 같이 일본어로 써 보세요.

 정보회사 じょう ほう がい しゃ
情報会社

1 결석　　　　2 지각　　　　3 시험

4 서류　　　　5 독서　　　　6 비행기

❶ 동사의 과거형 (た형)　～았(었)다

I그룹 동사 (5단 동사)	II그룹 동사 (상하 1단 동사)	III그룹 동사 (불규칙 동사)
く → いた　/　ぐ → いだ 　　(예외 行く → 行った) う, つ, る → った ぬ, ぶ, む → んだ す　　　　 → した	어간 + た	来る → 来た する → した

❷ ～た ことが ある　～한 적이 있다(경험)

❸ ～んです　～이랍니다, ～이거든요(이유 설명, 강조)

✏️ 빈칸에 알맞은 말을 넣어 보세요.

1 昨日　友達に ＿＿＿＿＿＿。
　　　　　　　　만났다

2 一生懸命 ＿＿＿＿＿＿。
　　　　　　공부했다

3 日本へ　出張に ＿＿＿＿＿＿＿＿＿＿。
　　　　　　　　　　간 적이 있습니다

4 私の　大切な　人＿＿＿＿＿＿。
　　　　　　　　　이랍니다

5 ここは　本当に　交通が ＿＿＿＿＿＿＿＿＿＿。
　　　　　　　　　　　　편리하답니다

✏️ 빈칸에 알맞은 말을 넣어 보세요.

Ⅰ 1 A 日本の ドラマを 見た ことが ありますか。

B はい、＿＿＿＿＿＿＿＿＿＿＿＿＿＿。
　　　　　본 적이 있어요

2 A 納豆を 食べた ことが ありますか。

B いいえ、＿＿＿＿＿＿＿＿＿＿＿＿。
　　　　　　먹은 적이 없어요

3 A 病院に 入院した ことが ありますか。

B はい、＿＿＿＿＿＿＿＿＿＿＿＿＿。
　　　　　입원한 적이 있어요

4 A カンニングした ことが ありますか。

B いいえ、＿＿＿＿＿＿＿＿＿＿＿＿。
　　　　　　커닝한 적이 없어요

5 A 電車の 中で 居眠りした ことが ありますか。

B はい、＿＿＿＿＿＿＿＿＿＿＿＿＿。
　　　　　졸은 적이 있어요

Ⅱ 1 A 飛行機に 乗った ことが ありますか。

B いいえ、飛行機に 乗った ことは ありませんが、

＿＿＿＿＿＿＿＿＿＿＿＿＿＿＿＿＿＿
배를 탄 적은 있어요.

2 A 東京に 行った ことが ありますか。

B いいえ、東京に 行った ことは ありませんが、

＿＿＿＿＿＿＿＿＿＿＿＿＿＿＿＿＿＿
오사카에 간 적은 있어요.

3 A 日本人と デートした ことが ありますか。

B いいえ、日本人と デートした ことは ありませんが、

＿＿＿＿＿＿＿＿＿＿＿＿＿＿＿＿＿＿
인터넷에서 채팅한 적은 있어요.

4 A 焼酎を 飲んだ ことが ありますか。

B いいえ、焼酎を 飲んだ ことは ありませんが、

＿＿＿＿＿＿＿＿＿＿＿＿＿＿＿＿＿＿
맥주를 마신 적은 있어요.

あまり詳しく聞かないでください。

너무 자세하게 묻지 마세요.

 Step 1 필수 단어 익히기

初恋 <ruby>はつ<rt></rt></ruby><ruby>こい<rt></rt></ruby>	첫사랑	幼稚園 ようちえん	유치원
担任 たんにん	담임	小学校 しょうがっこう	초등학교
秘密 ひみつ	비밀	中学校 ちゅうがっこう	중학교
料理 りょうり	요리	高校 こうこう	고등학교
禁止 きんし	금지	大学 だいがく	대학
禁煙室 きんえんしつ	금연실	大学院 だいがくいん	대학원
詳しく くわ	자세히, 상세히	タバコを吸う す	담배를 피우다
優しい やさ	상냥하다	写真を撮る しゃしん と	사진을 찍다
痛む いた	아프다	車を止める くるま と	차를 세우다
遅れる おく	늦다	無理する むり	무리하다

✏ 제시된 단어를 예와 같이 일본어로 써 보세요.

예
금연실 **禁煙室**
<ruby>きん えん しつ<rt></rt></ruby>

1 대학

2 금지

3 담임

4 상세히

5 무리하다

6 첫사랑

❶ 동사의 부정형(ない형)

Ⅰ그룹 동사 (5단 동사)	어미 う단 → あ단 + ない
	(예외 ～う → ～わない)
Ⅱ그룹 동사 (상하 1단 동사)	어간 + ない
Ⅲ그룹 동사 (불규칙 동사)	来る ➡ 来ない / する ➡ しない

※ 각 품사의 부정형

명사 + では[じゃ]ない	学生ではない
い형용사 어간 + くない	おいしくない
な형용사 어간 + では[じゃ]ない	有名ではない

❷ ～ないでください　～(하)지 마세요, ～(하)지 말아 주세요

❸ ～でした　～이었습니다

～じゃありませんでした　～(하)지 않았습니다

✏️ 빈칸에 알맞은 말을 넣어 보세요.

1　明日は　学校に _____。
　　　　　　　　　　　가지 않는다

2　お酒を _____。
　　　　　마시지 마세요

3　約束を _____。
　　　　　잊지 말아 주세요

4　真面目な　学生_____。
　　　　　　　　　　이었습니다

5　とても _____。
　　　　　유명했습니다

51

💬 **Step 3** 회화 연습하기

✏️ 빈칸에 알맞은 말을 넣어 보세요.

Ⅰ

1 図書館ですから、＿＿＿＿＿＿＿＿＿＿＿＿。
여기서 자지 말아 주세요

2 これは 秘密ですから、＿＿＿＿＿＿＿＿＿＿＿＿。
다른 사람에게 이야기하지 마세요

3 授業中ですから、＿＿＿＿＿＿＿＿＿＿＿＿。
장난치지 마세요

4 寒いですから、＿＿＿＿＿＿＿＿＿＿＿＿。
창문을 열지 말아 주세요

5 たばこは よく ないですから、＿＿＿＿＿＿＿＿＿＿＿＿。
피우지 마세요

Ⅱ

1 A 旅行は 楽しかったですか。

　B はい、＿＿＿＿＿＿＿＿＿＿＿＿。
즐거웠습니다

2 A 料理は おいしかったですか。

　B はい、＿＿＿＿＿＿＿＿＿＿＿＿。
맛있었습니다

3 A 景色は きれいでしたか。

　B はい、＿＿＿＿＿＿＿＿＿＿＿＿。
아름다웠습니다

4 A 店員は 親切でしたか。

　B いいえ、＿＿＿＿＿＿＿＿＿＿＿＿。
친절하지 않았습니다

5 A 交通は 便利でしたか。

　B いいえ、＿＿＿＿＿＿＿＿＿＿＿＿。
편리하지 않았습니다

会社を辞めないほうがいいですよ。

회사를 그만두지 않는 편이 좋아요.

Step 1 필수 단어 익히기

毎日 まいにち	매일	赤字 あかじ	적자
給料 きゅうりょう	월급, 급료	薬 くすり	약
今晩 こんばん	오늘 밤	熱 ねつ	열
意見 いけん	의견	お皿 さら	접시
悩み なや	고민	運動 うんどう	운동
財布 さいふ	지갑	留学 りゅうがく	유학
少ない すく	적다	期待 きたい	기대
考える かんが	생각하다	お見舞い みま	병문안
思う おも	생각하다	疲れる つか	피곤하다
規則的 きそくてき	규칙적	運転免許を取る うんてんめんきょ と	운전면허를 따다

✏️ 제시된 단어를 예와 같이 일본어로 써 보세요.

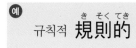

예
규칙적 規則的 きそくてき

1 매일

2 급료

3 의견

4 유학

5 기대

6 병문안

---

❶ **〜ないほうがいい** 〜(하)지 않는 편이 좋다

(동사의 부정형(ない형) + ほうが いい)

❷ **〜と思います** 〜라고 생각합니다

❸ **〜たほうがいい** 〜하는 편이 좋다

(동사의 과거형(た형) + ほうが いい)

❹ **〜てしまう[〜ちゃう]** 〜고 말다, 〜해 버리다

〜でしまう[〜じゃう]

✏️ 빈칸에 알맞은 말을 넣어 보세요.

- -

1 タバコは ＿＿＿＿＿＿＿＿＿＿＿＿＿。
　　　　　　피우지 않는 편이 좋습니다

2 あまり 無理＿＿＿＿＿＿＿＿＿＿＿＿。
　　　　　　　　하지 않는 편이 좋습니다

3 毎日 こつこつ 勉強した ほうが いい＿＿＿＿＿＿＿＿。
　　　　　　　　　　　　　　　　　　　　　　　　고 생각합니다

4 朝早く ＿＿＿＿＿＿＿＿＿＿＿＿＿。
　　　　　일어나는 편이 좋습니다

5 忘れて ＿＿＿＿＿＿＿＿＿。
　　　　　말았습니다

✏️ 빈칸에 알맞은 말을 넣어 보세요.
- -

Ⅰ 1 A 留学に 行ったほうが いいですか。行かないほうが
いいですか。
B そうですね。＿＿＿＿＿＿＿＿＿＿＿と 思います。
　　　　　　　유학 가는 편이 좋다

2 A お酒を 飲んだほうが いいですか。飲まないほうが
いいですか。
B そうですね。＿＿＿＿＿＿＿＿＿＿＿と 思います。
　　　　　　　술을 마시지 않는 편이 좋다

3 A 熱が あるんですけど。
B そうですか。＿＿＿＿＿＿＿＿＿＿＿＿＿＿
　　　　　　　오늘은 운동을 쉬는 편이 좋겠어요.

4 A 恋人と けんかしたんですけど。
B そうですか。＿＿＿＿＿＿＿＿＿＿＿＿＿＿
　　　　　　　화해하는 편이 좋겠어요.

5 A 友達が 入院したんですけど。
B そうですか。＿＿＿＿＿＿＿＿＿＿＿＿＿＿
　　　　　　　빨리 병문안 가는 편이 좋겠어요.

6 A 疲れて 何も したくないんですけど。
B そうですか。＿＿＿＿＿＿＿＿＿＿＿＿＿＿
　　　　　　　너무 무리하지 않는 편이 좋겠어요.

Ⅱ 1 A どうしたんですか。
B 会議に ＿＿＿＿＿＿＿＿＿。
　　　　　늦어 버렸어요

2 A どうしたんですか。
B 財布を ＿＿＿＿＿＿＿＿＿。
　　　　　잃어버렸어요

3 A どうしたんですか。
B 試験に ＿＿＿＿＿＿＿＿＿。
　　　　　떨어지고 말았어요

4 A どうしたんですか。
B 赤字に ＿＿＿＿＿＿＿＿＿。
　　　　　되고 말았어요

정답

Lesson 01

step 1

1 学生_{がくせい}
2 先生_{せんせい}
3 韓国人_{かんこくじん}
4 日本人_{にほんじん}
5 歌手_{かしゅ}
6 彼女_{かのじょ}

step 2

1 は
2 です
3 ではありません
4 ですか
5 はい
6 いいえ

step 3

Ⅰ 1 私_{わたし}は
　 2 歌手_{かしゅ}です
　 3 日本人_{にほんじん}です
　 4 中国人_{ちゅうごくじん}です
　 5 アメリカ人_{じん}です

Ⅱ 1 学生_{がくせい}ですか / 学生_{がくせい}です
　 2 ピアニストですか /
　 　 ピアニストではありません
　 3 彼_{かれ}は 歌手_{かしゅ}ですか。 / はい、歌手_{かしゅ}です。
　 4 彼女_{かのじょ}は 先生_{せんせい}ですか。 /
　 　 いいえ、先生_{せんせい}ではありません。
　 5 彼女_{かのじょ}は 日本人_{にほんじん}ですか。 /
　 　 はい、日本人_{にほんじん}です。

Lesson 02

step 1

1 本_{ほん}
2 車_{くるま}
3 日本語_{にほんご}
4 時計_{とけい}
5 写真_{しゃしん}
6 友達_{ともだち}

step 2

1 これ
2 あの
3 の
4 と
5 も

step 3

Ⅰ 1 金_{キム}さんのです
　 2 私_{わたし}のではありません
　 3 田中_{たなか}さんのではありません
　 4 山田_{やまだ}さんのです
　 5 先生_{せんせい}のではありません

Ⅱ 1 それ / 私_{わたし}の
　 2 それ / 友達_{ともだち}の
　 3 これ / 先生_{せんせい}の
　 4 これ
　 5 だれの くつですか / あれ

Lesson 03

step 1

1 仕事_{しごと}
2 午前_{ごぜん}
3 普通_{ふつう}
4 朝_{あさ}
5 授業_{じゅぎょう}
6 銀行_{ぎんこう}

step 2

1 何時_{なんじ}
2 から
3 まで
4 が
5 が

step 3

Ⅰ 1 4時20分_{よ じ にじゅっぷん}です。
　 2 7時30分_{しち じ さんじゅっぷん}です。
　 3 9時50分_{く じ ごじゅっぷん}です。
　 4 10時15分_{じゅう じ じゅうごふん}です。
　 5 12時40分_{じゅうに じ よんじゅっぷん}です。

Ⅱ 1 会社は午前 9 時から 午後 6 時までです。

2 銀行は午前 9 時から 午後 4 時までです。

3 デパートは午前 1 0 時 3 0 分から 午後 7 時 3 0 分までです。

4 病院は午前 1 0 時から 午後 7 時までです。

5 レストランは午前 1 1 時から 午後 1 0 時までです。

Lesson 04

🔍 step 1

1 店員　　2 人形　　3 コーヒー

4 ビール　5 円　　　6 ワイシャツ

📝 step 2

1 いくら　　　　　2 ください

3 ふたつ　　　　　4 全部で

5 で

💬 step 3

Ⅰ 1 4 万 5 千

2 2 7 万

3 1 8 9 万

4 りんごは 2 つで 5 千

5 ももは 4 つで 6 千

Ⅱ 1 カフェラッテは 2 0 0 円で、カプチーノは 2 5 0 円です。

2 ビールは 5 0 0 円で、ワインは 1 4 0 0 円です。

3 トトロは 6 0 0 0 円で、キティーは 3 5 0 0 円です。

4 クリームソースは 1 2 6 0 円で、ミートソースは 9 8 0 円です。

5 全部で 7 万 5 千円です。

Lesson 05

🔍 step 1

1 誕生日　　2 今日　　3 休み

4 来週　　　5 土曜日　　6 日曜日

📝 step 2

1 いつ　　　　　　2 じゃありませんか

3 ですね　　　　　4 生まれ

💬 step 3

Ⅰ 1 木曜日です。

2 金曜日です。

3 水曜日です。

4 月曜日です。

5 土曜日です。

Ⅱ 1 いちがつ とおかです。

2 さんがつ みっかです。

3 ごがつ ようかです。

4 はちがつ じゅうごにちです。

5 じゅうにがつ にじゅうよっかです。

Lesson 06

🔍 step 1

1 漢字　　2 勉強　　3 暑い

4 近い　　5 新しい　　6 天気

📝 step 2

1 面白いです　　　　2 暑くありません

3 辛い　　　　　　　4 大きくて

5 難しくて　　　　　6 よ

💬 **step 3**

Ⅰ
1 大きくありません。小さいです。
2 広くありません。狭いです。
3 寒くありません。暑いです。
4 甘くありません。辛いです。
5 新しくありません。古いです。

Ⅱ
1 優しくて面白い
2 小さくてかわいい
3 熱くておいしい
4 新しくて広い
5 暖かくていい

Lesson 07

🔍 **step 1**

1 女性 2 地下鉄 3 有名だ
4 親切だ 5 便利だ 6 若者

✍ **step 2**

1 賑やかです
2 親切ではありません
3 有名な 4 真面目で
5 静かで 6 おいしいから

💬 **step 3**

Ⅰ
1 ハンサムです
2 親切です
3 上手です
4 きれいではありません
5 静かではありません

Ⅱ
1 ハンサムでリッチな人です。
2 元気で真面目な学生です。
3 スリムできれいなモデルです。

4 簡単で楽な仕事です。
5 親切ですてきな先生です。

Lesson 08

🔍 **step 1**

1 季節 2 猫 3 家族
4 上手だ 5 好きだ 6 健康

✍ **step 2**

1 が好きです 2 どんな
3 と/と/どちら 4 より/ほう
5 一番 6 中で

💬 **step 3**

Ⅰ
1 日本語のほうが上手です。
2 地下鉄のほうが便利です。
3 健康のほうが大切です。
4 恋人のほうがいいです。
5 家族のほうが重要です。

Ⅱ
1 りんごが一番好きです。
2 アイユが一番好きです。
3 秋が一番好きです。
4 智異山が一番好きです。
5 コーヒーが一番好きです。

Lesson 09

🔍 **step 1**

1 現金 2 銀行 3 前
4 後ろ 5 隣 6 本屋

✍ **step 2**

1 あります 2 ありません
3 います 4 いません

5 に あります　　　6 どこに

💬 **step 3**

Ⅰ 1 机の上に あります。

2 かばんの 中に あります。

3 ソファーの 下に あります。

4 田中さんの 隣に います。

5 カンさんの 前に います。

Ⅱ 1 銀行は 会社の 隣に あります。

2 デパートは 郵便局の 前に あります。

3 コンビニは 郵便局の 近くに あります。

4 郵便局は デパートの 後ろに あります。

5 本屋は 銀行の 向かいに あります。

Lesson 10

🔍 **step 1**

1 食堂　　2 嬉しい　　3 行く
4 遊ぶ　　5 寝る　　　6 映画

📝 **step 2**

1 会います　　　　2 行きます
3 話します　　　　4 待ちます
5 死にました　　　6 飲みました
7 帰りました　　　8 見ません
9 食べません　　　10 来ませんでした

💬 **step 3**

Ⅰ 1 行きますか / 行きます

2 飲みますか / 飲みません

3 話しますか / 話します

4 起きますか / 起きません

Ⅱ 1 帰りましたか / 帰りました

2 行きましたか / 行きませんでした

3 見ましたか / 見ました

4 しましたか / しました

5 来ましたか / 来ませんでした

Lesson 11

🔍 **step 1**

1 旅行　　2 散歩　　3 週末
4 出発　　5 食事　　6 景色

📝 **step 2**

1 に　　　　　　2 会いに
3 し　　　　　　4 飲みませんか
5 勉強しましょう　6 遊びましょうか

💬 **step 3**

Ⅰ 1 スキーに

2 ドライブに
3 映画を 見に
4 お酒を 飲みに
5 泳ぎに

Ⅱ 1 ビールを 飲みましょう。

2 おすしを 食べましょう。

3 明洞へ 行きましょう。

4 ドリームランドに 行きましょう。

Lesson 12

🔍 **step 1**

1 結婚　　2 恋人　　3 残業
4 美しい　　5 帰る　　6 お昼

step 2

1 行きたい　　　2 結婚したい

3 食べたくない　4 ほしい

5 なりたい

step 3

Ⅰ 1 日本語で話したいです

　2 友達と遊びたいです

　3 早く家に帰りたいです

　4 恋人と別れたくないです

　5 残業したくないです

Ⅱ 1 かばんが一番ほしいです。

　2 ラーメンが一番食べたいです。

　3 コーヒーが一番飲みたいです。

　4 沖縄へ一番行きたいです。

Lesson 13

step 1

1 顔　　　　2 洗う　　　　3 教える

4 説明する　5 乗り換える　6 住所

step 2

1 起きて

2 乗って

3 書いてください

4 してください

5 聞きながら

step 3

　地下鉄に乗って会社に行きます。

　ーヒーを飲んで仕事を始めます。

　　会って食事をします。

　　てシャワーを浴びます。

5 シャワーを浴びて寝ます。

Ⅱ 1 授業中ですから、静かにしてください。

　2 高いですから、安くしてください。

　3 忙しいですから、手伝ってください。

　4 分からないですから、教えてください。

　5 よく聞こえないですから、大きい声で言ってください。

Lesson 14

step 1

1 雨　　　2 教師　　　3 座る

4 習う　　5 住む　　　6 入る

step 2

1 書いて

2 降っています

3 住んでいます

4 着ている

5 本を読んでいる

step 3

Ⅰ 1 話しています

　2 歌っています

　3 読んでいます

　4 しています

　5 しています

Ⅱ 1 眼鏡をかけている

　2 ミニスカートをはいている

　3 帽子をかぶっている

　4 ジュースを飲んでいる

　5 笑っている

Lesson 15

🔍 step 1

1 両親（りょうしん）　2 兄弟（きょうだい）　3 息子（むすこ）
4 娘（むすめ）　5 妹（いもうと）　6 姉（あね）/ お姉さん（ねえさん）

📝 step 2

1 お祖父（じい）さん / 祖母（そぼ）/ お父（とう）さん / 母（はは）/
お兄（にい）さん / 姉（あね）/ 弟（おとうと）さん / 妹（いもうと）

2 おいくつ

💬 step 3

Ⅰ 1 母（はは）と父（ちち）と
2 父（ちち）と母（はは）と弟（おとうと）と
3 祖父（そふ）と祖母（そぼ）と母（はは）と兄（あに）と
4 父（ちち）

5 だれにも

Ⅱ 1 父（ちち）
2 兄（あに）は 3 4 歳（さんじゅうよんさい）です。
3 弟（おとうと）は 2 7 歳（にじゅうななさい）です。
4 妹（いもうと）は 2 0 歳（はたち）です。

Lesson 16

🔍 step 1

1 欠席（けっせき）　2 遅刻（ちこく）　3 試験（しけん）
4 書類（しょるい）　5 読書（どくしょ）　6 飛行機（ひこうき）

📝 step 2

1 会（あ）った
2 勉強（べんきょう）した
3 行（い）った ことが あります
4 なんです
5 便利（べんり）なんです

step 3

Ⅰ 1 見（み）た ことが あります
2 食（た）べた ことが ありません
3 入院（にゅういん）した ことが あります
4 カンニングした ことが ありません
5 居眠（いねむ）りした ことが あります

Ⅱ 1 船（ふね）に 乗（の）った ことは あります。
2 大阪（おおさか）に 行（い）った ことは あります。
3 インターネットで チャットした こと
は あります。
4 ビールを 飲（の）んだ ことは あります。

Lesson 17

🔍 step 1

1 大学（だいがく）　2 禁止（きんし）　3 担任（たんにん）
4 詳（くわ）しく　5 無理（むり）する　6 初恋（はつこい）

📝 step 2

1 行（い）かない
2 飲（の）まないで ください
3 忘（わす）れないで ください。
4 でした
5 有名（ゆうめい）でした

💬 step 3

Ⅰ 1 ここで 寝（ね）ないでください
2 他（ほか）の 人（ひと）に 話（はな）さないでください
3 いたずらを しないでください
4 窓（まど）を 開（あ）けないでください
5 吸（す）わないでください

Ⅱ 1 楽（たの）しかったです
2 おいしかったです

3 きれいでした

4 親切じゃありませんでした

5 便利じゃありませんでした

Lesson 18

🔍 step 1

1 毎日   2 給料   3 意見

4 留学   5 期待   6 お見舞い

📝 step 2

1 吸わない ほうが いいです

2 しない ほうが いいです

3 と 思います

4 起きた ほうが いいです

5 しまいました

💬 step 3

Ⅰ 1 留学に 行った ほうが いい

2 (お酒を)飲まない ほうが いい

3 今日は 運動を 休んだ ほうが いいです
よ。

4 仲直りした ほうが いいですよ。

5 早く お見舞いに 行った ほうが いいで
すよ。

6 あまり 無理しないほうが いいですよ。

Ⅱ 1 遅れちゃったんです

2 忘れちゃったんです

3 落ちちゃったんです

4 なっちゃったんです

Memo

うきうき일본어
우 키 우 키